THE BEING OF THE HOUSEHOLD BEINGS

EL SER DE LOS ENSERES

Bilingual Edition

Elvia Ardalani

Translated by Francisco Macías Valdés

Illustrated by Ismael Aguilar

MEDIO SIGLO

Colección: Las Lenguas de Babel

© Elvia Ardalani
© Of this translation/De esta traducción: Francisco Macías Valdés
© Of the illustrations/De las ilustraciones: Ismael Aguilar
© Of this edition/De esta edición: Libros Medio Siglo

Primera edición bilingüe: Septiembre de 2014

ISBN 13: 978-0692295021
ISBN 10: 069229502X

Translation Editor/Editora de Traducción: Victoria Contreras, Ph.D.
Cover Design/Diseño de portada: Ismael Aguilar
agruismael@gmail.com

Libros Medio Siglo
www.librosmediosiglo.org
mediosigloeditorial@gmail.com

Preface

In what kingdom are we accompanied in this life by our essentials, by things that are part of our daily struggle? How far do they ascend in the mineral, plant, and animal kingdoms, until becoming humanized in the daily, constant company? This is what this unique and excellent book of poems reveals to us.

The poetry in this book is unique because its themes are always closely related to life and its feminine surroundings. It seems that no one had praised with such a rich vocabulary, no one had delved so deeply into objects that are commonplace and constant, almost as if they were a hindrance along the way for many. It requires a fine sensitivity and intelligence to be able to humanize them, to recognize them and love them as an insoluble part of our own lives.

"To a Door", the first poem of *The Being of the Household Beings* introduces us to a warm space, to an open door leading to the site of the daily chores, to rest, to the loving protection, to the warm shelter of a house. It is the door, also, that when opened presents three new inhabitants, children "enveloped in their blankets of hope". It opens or closes finally as indicated by the beautiful ending of the poem:

> Through your arboreal body, through your leafy breath,
> they entered one by one, newly born, three babies,
> three roads, enveloped in their blankets of hope
> and initiation, shodden with the hunger,
> devoid of placentas and unsullied.
> Through your arboreal body, through your leafy breath,
> my deceased father exited, unshod, fugitive
> from his own path, enveloped in a blanket,
> like a newborn.
> And one day I shall exit, also like my father,
> and would to God that my divine ears allow me
> to hear your voice of a door, of a hinge, of a trunk
> slowly say to me with your pewter breath
> *I bless you always because you come from dust,*

from the argil that bleeds, dream catcher,
net of angst.

"To a Sofa" is another moving poem, nostalgic of what the family is or was. These are poems of recovery, of loving presences lost in time, present in the memory of the objects, in the persons that gaze at them. Thus, the sofa of "elegant braids" by virtue of being inhabited by each one of the children that have occupied it, transforms its trade "into one of a sitter, of a marsupial, of a womb/within whom creatures and seeds grow, /an occasional weeping and an occasional smile".

The author of *The Being of the Household Beings* constructs each verse with the rhythm characteristic of nostalgia, with the clarity of each word and endowed with the gift of giving soul and life to things, from their origins to the aging of beings and household beings thus uniting objects and people in the same destiny.

> It was the day that my father died alone, in his house,
> in my home of infancy, and upon entering to kiss his
> already fallen eyes, the wrinkled shirt,
> his forehead snuggled in the blotch of blood,
> I found you already very old, with the stench of
> anachronistic like all things eternal, [woodworms, frayed

(What a powerful image, "anachronistic like all things eternal"!) The structure as well as the emotional rhythm of each verse are amazing in this book of poems. Just as amazing is the tenderness that can exist as an amorous fog among things or rather decisively as declared love. For example, in this same poem about the sofa:

> and like that, weak and infirm, with shaky legs,
> you endured the death of him who loved you so much,
> good innards of foam,
> marsupial of desire, of him who grows and forgets.

Throughout the book, we notice a religiousness that allows one to consider the things themselves in union with all of creation, whose ultimate source is God. The following fragment from the poem "To a Lamp" confirms what was previously said. The description includes the image of both the being of the lamp and of the one who contemplates it:

> and from your habit surges a quilted matter of halogen,
> a conventual perfume, some hands that begin
> unwinding that which is black with astriferous stitches,
> with terse devotion of invocation and prayer.
> No one even notices your stellar presence,
> your dignity of a luminous body that gleams,
> your divine sensibility, the humble metaphor
> of the message of God, staff of this sightlessness
> so blind that we carry in the heart of our soul.

At the end of the poem, as in a need of rescue and acceptance, the unique ending of the poem "To a Lamp" expresses:

> Today they say that you're ugly, wasted, rickety,
> I ask myself why they go on so blindly,
> how they don't take notice of your silken coif, the dignity
> of the habit, the whiteness of the claustrum, the light
> of your starch, good nun who knows how to invoke
> with light the pardon of that which is human, the pardon
> of these eyes, the pardon for the shadow, the forgiveness.

In the very being of things, life is filtered, the nostalgia of childhood, the intimate life of infancy, of the family, be it in a carpet, in the piano, and as we move forward in the reading of the poems in the emotion of images ranging from a window to the rain, at the same time that we observe a wealth of vocabulary in which the reader finds the precise word, and the less common, without ceasing to be sound and beautiful, although the author says in the poem "To a Desk" that on it fall "dead words and words alive". Only living words were written on the desk and published in this unique book.

The more humble belongings: feather duster, broom, sink, toilet!, in all we found the expressive intensity, the originality, the value of addressing objects so little loved and coat them with dignity. For example, the toilet is

> Poor lamb of fear!
> Poor lamb of man!
> Healer of the belly, stone of blinded eyes
> that dreams of returning to her divine origin,
> to her ample pasture of mountains and trees,

And why not give this object also a lasting recognition?

> in your blood they shall infuse your latrinesque past with
> and you may run free from any human burden   [incense
> through the lands of which you dream today with your eyes
> [shut.

The poet continues by expressing the greatness, the importance of the insignificant, of the unnoticed, giving it importance, and even beauty from its origins , as in the poem "To a Stove", in which it refers to the first fire:

> All see you and forget
> who you are, your beginnings of hunger
> of miracle and mystery
> of primitive rites

Of course, the poems "To a Table", "To a Mattress" and "To a Quilt" demonstrates the author's ability to humanize everything that touches her sensitivity, her wealth of lexicon, the creativity of her intelligence. Some poems that stand out are the last texts of this excellent book "To a Maternity Dress", "To a Quilt" and "To a Fountain". Especially in "To a Maternity Dress", all the values recognized before are united: nostalgia, tenderness and expressive

intensity of someone who lives fully the life of women among the things humanized by the daily
 Company, in the midst of a solitary and loving life that is often the life of women.
This is an extraordinary book written by a woman of imagination that creates and recreates day-to-day images revitalized by the magic of poetry, intimately connected with the daily life of the dream and fantasy of the author. *The Being of the Household Beings* is a book that unites and reunites, religiously, and therefore with full humanity, the beings and the household beings of the creation.

Dolores Castro Varela
Mexico City, June 2014

Prefacio

¿Desde qué reino nos acompañan en la vida los enseres, como cosas que forman parte de nuestra lucha diaria? ¿Hasta dónde ascienden por los reinos mineral, vegetal, animal, hasta humanizarse en la diaria, constante compañía? Esto es lo que nos revela este singular y excelente libro de poemas.

Poesía original la de este libro, porque sus temas están siempre próximos a la vida y su entorno femenino. Creo que nadie había cantado con tan rico vocabulario, nadie había penetrado tan hondo en objetos que aparecen en forma tan inmediata y constante, casi como un estorbo al paso para muchos. Se requiere una fina sensibilidad e inteligencia para humanizarlos, para reconocerlos y amarlos como parte indisoluble de nuestra propia vida.

"A una puerta", el primer poema de *El ser de los enseres*, nos introduce a un cálido espacio, a una puerta abierta al sitio de la faena diaria, al descanso, a la amorosa protección, al cálido abrigo de una casa. Es la puerta, también, la que al abrirse presenta a tres nuevos habitantes, niños "envueltos en mantas de esperanza". Se abre así o se cierra finalmente, como indica el hermoso remate del poema:

> Por tu cuerpo de árbol, por tu aliento de hoja,
> entraron uno a uno, recién nacidos, tres bebés,
> tres caminos, envueltos en sus mantas de esperanza
> y de inicio, calzados con el hambre,
> sin placentas y limpios.
> Por tu cuerpo de árbol, por tu aliento de hoja,
> salió mi padre muerto, descalzo, fugitivo
> de su propio camino, envuelto en una manta,
> como un recién nacido.
> Y un día saldré yo, también como mi padre,
> y ojalá que me alcancen los oídos divinos
> para escuchar tu voz de puerta, de bisagra, de tronco
> decirme lentamente con tu aliento de estaño
> *yo te bendigo siempre porque vienes del polvo,*

> *de la arcilla que sangra, esparvel del sueño,*
> *esparvel del ansia.*

"A un sofá" es otro de los poemas conmovedores, nostálgicos de lo que toda familia es o fue. Poema de rescate, de presencias amadas, perdidas en el tiempo, presentes en la memoria de los objetos, de las personas que los contemplan. Así, el sofá de "elegantes galones" en virtud de ser habitado por uno a uno de los niños que han de ocuparlo, convierte su oficio "en otro de niñera, de marsupial, de vientre/al que le crecen criaturas y semillas, / alguno que otro llanto y una que otra sonrisa".

La autora de *El ser de los enseres* construye cada verso con el ritmo propio de la nostalgia, con la nitidez de cada palabra y con el don de otorgar a las cosas alma y vida, desde el origen hasta el envejecimiento de enseres y seres, así, unidos objetos y personas en el mismo destino:

> Fue el día en que mi padre murió solo, en su casa,
> en mi hogar de la infancia, y al entrar a besarle
> los ojos ya caídos, la camisa arrugada,
> su frente acurrucada en el manchón de sangre,
> te encontré ya muy viejo, oloroso a polilla, deshilado,
> anacrónico como todo lo eterno…

(¡Qué imagen tan poderosa: "anacrónico como todo lo eterno"!) Sorprende en este poemario la estructura, así como el ritmo de la emoción en cada verso; la ternura que puede existir como una amorosa neblina entre las cosas o bien, decididamente, como amor confeso. En este mismo poema del sofá, por ejemplo:

> Y así débil y enfermo, temblorosas las patas,
> sostuviste la muerte del que tanto te quiso,
> vientre bueno de espuma,
> marsupial del anhelo, del que crece y olvida...

En todo momento advertimos en la atmósfera y el tono de este hermoso libro de poemas, una religiosidad que permite considerar a las cosas mismas en unión con la creación entera, cuyo fin generador es Dios. Cito aquí, para afirmar lo dicho, un fragmento del poema "A una lámpara", cuya descripción incluye la imagen tanto del ser de esa lámpara como de quien la contempla:

> y de tu hábito surge una estofa de halógeno,
> un perfume conventual, unas manos que van
> destejiendo lo negro con puntadas astríferas,
> con entrega sumaria de invocación y rezo.
> Nadie nota siquiera tu presencia de estrella,
> tu dignidad de cuerpo luminoso que brilla,
> tu sensatez divina, la metáfora humilde
> del mensaje de Dios, bastón de esta ceguera
> tan ciega que llevamos en el centro del alma.

Al final del poema, como en una necesidad de rescate y asunción, expresa el singular remate de "A una lámpara":

> Hoy dicen que estás fea, gastada, temblorosa.
> Yo me pregunto por qué siguen tan ciegos,
> cómo no notan la seda de tu cofia, la dignidad
> del hábito, la blancura del claustro, la luz
> de tu almidón, monja buena que sabe invocar
> con la luz el perdón de lo humano, el perdón
> de estos ojos, el perdón por la sombra, el perdón.

En el mismo ser de las cosas se filtra la vida, la nostalgia de la niñez, la vida más íntima de la infancia, de la familia, así sea en una alfombra, en el piano, y a medida que avanzamos en la lectura de los poemas en la emoción de imágenes que van de una ventana a la lluvia, a la vez que observamos una riqueza de vocabulario en la que encuentra el lector la palabra precisa, y la menos común, sin dejar de ser sonora y hermosa, aunque la autora diga en el poema "A un escritorio" que sobre él van cayendo "palabras muertas y palabras vivas". Sólo palabras vivas quedaron escritas sobre el escritorio y publicadas en este libro singular.

Los enseres más humildes: sacudidor, escoba, lavabo ¡inodoro!, en todos encontramos la intensidad expresiva, la originalidad, el valor de abordar objetos tan poco amados y cubrirlos de dignidad. Por ejemplo, el inodoro es

> ...¡pobre oveja del hombre!
> Sanadora del vientre, piedra de ojos cegados
> que sueña con volver a su origen divino,
> a su pastura amplia de montañas y árboles
> a su lenguaje honrado de dovelas y monte...

¿Y cómo no reservar también a este objeto un reconocimiento perdurable?

> Sahumarán en tu sangre tu pasado letrínico,
> y podrás correr libre de todo peso humano
> por las tierras que hoy sueñas con los ojos cerrados.

La poeta avanza expresando la grandeza, la importancia de lo pequeño, de lo inadvertido, revistiéndolo de significación, y aun de belleza desde los inicios, como en el poema "A una estufa", en que se remite al primer fuego:

> Todos te ven y olvidan
> quién eres, tus inicios de hambre,
> de milagro y misterio,
> de ritos primigenios.

Desde luego, los poemas "A una mesa", "A un colchón" y "A una cómoda" muestran la capacidad de humanizar cuanto toca la sensibilidad de la autora, su riqueza de léxico, la creatividad de su inteligencia. Sobresalen en los últimos poemas de este excelente libro los textos "A un vestido de maternidad", "A una colcha" y "A una fuente". Especialmente en "A un vestido de maternidad", todos los valores antes reconocidos se unen: nostalgia, ternura e intensidad expresiva de quien vive la vida plena de las mujeres entre las cosas humanizadas por la compañía diaria, en medio de una vida solitaria y amorosa que con frecuencia es la vida propia de las mujeres.

Un libro extraordinario éste, de una mujer de imaginación, que crea y recrea imágenes cotidianas revitalizadas por la magia de la poesía, íntimamente unidas a la vida diaria del sueño y ensueño de la autora. *El ser de los enseres* es un libro que une y reúne, religiosamente y por tanto con plena humanidad, a los seres y los enseres de la creación.

Dolores Castro Varela
México, D.F.
Junio de 2014

Nota de la Autora

Comencé a escribir estos poemas simplemente como ejercicios de escritura, pero con el tiempo descubrí que eran para mí algo más, tal vez una forma de expresar mi realidad inmediata, mi filosofía de la vida y de la creación misma. Sinceramente creo que los seres vivos y el reino de los seres inanimados, si pudiéramos llamarles así, siendo parte del mismo universo, son iguales compañeros en la faena diaria. En las cosas que nos rodean, en nuestros enseres, dejamos mucho de nosotros, como también ellos dejan algo de sí mismos en nuestra vida. Siendo fronteriza, en mi escritura aparecen siempre esas líneas diluidas que llamamos fronteras. Esta es otra más y la asumo desde mi visión personal. No soy la primera que le canta a las cosas, lo hicieron magistralmente Pablo Neruda, Miguel Hernández, Rafael Morales y muchos otros. Esta es mi pequeña contribución a esa rica trayectoria. Por lo demás, debo agradecerles al papel y al lápiz, que en su tiempo fueron árbol, su alegría y su solidaridad para con mi poesía.

Elvia Ardalani

Author's Note

I started to write these poems simply as writing exercises, but with time I discovered that they meant more to me, perhaps a way to express my immediate reality, my philosophy of life and of creation itself. I sincerely believe that living beings and the kingdom of inanimate beings, if we could call them that, being part of the same universe, are equal companions in our daily tasks. We leave our mark in the things that surround us, in our essentials, just like they too leave something of themselves in our life. Being from the border, those same diluted lines that we call borders are part of my writing. This is one more and I present it from my personal vision. I am not the first to sing to objects, Pablo Neruda, Miguel Hernández, Rafael Morales and many others did it masterfully. This is my small contribution to such a rich tradition. In fact, I should also thank the paper and the pencil that at one time existed as a tree, and contributed their happiness and solidarity towards my poetry.

Elvia Ardalani

A los seres de mi casa, animados e inanimados, en especial a Horam que todavía habla el lenguaje secreto de las cosas.

For the beings in my house, animate and inanimate, especially for Horam who still speaks the secret language of things.

Entonces el Corazón del Cielo castigó al hombre de madera.

Popol Wuj

Then the Heart of the Heavens chastised the man of wood.

Popol Vu

A

UNA PUERTA

TO

A DOOR

A UNA PUERTA

Enredadera ungida de tablones y clavos,
por tus vías florecen invisibles botones,
maderamen de sueños, de alegrías y pasos,
por tu cuerpo de cedro transitan los anhelos,
los cansancios más amplios, los deseos
más necios, la amargura del tiempo que tan bien
tú conoces, las ternuras más tiernas, los dolores
más hoscos, y en tu pecho de puerta,
en tu avidez de boca por la que entra el bocado
a esta casa de piedras, a esta casa de hogaza,
hay una bendición de silencio y estaño.

Cada vez que pasamos bajo tu augurio sano
inciertos y olvidados, esgrimidos del tiempo,
abúlicos o pálidos, golpeados en la marcha,
(obreros obligados a la faena diaria iniciada en el alba,
terminada en la hondura sesgada de la almohada),
tú pones las manos de árbol transformado
sobre nuestras cabezas caídas en la tierra,
sobre los hombros a golpe de vida jorobados,
y murmuras con tu suave aliento de madera,
yo te bendigo siempre porque vienes del polvo,
de la arcilla que sangra, esparvel del sueño,
esparvel del ansia
y con los dedos haces la señal de la cruz,
la astilla del milagro.

Puerta, puerta de cedro, no reparamos nunca, nunca,
en tu lengua de hierro, en tu dulzura noble
de mastín que protege hasta el fin a sus dueños,
de clavija que aguarda con garfios
la amenaza del clima, del insecto o extraño.

TO A DOOR

Bindweed anointed by planks and nails,
along your routes effloresce invisible blossoms,
timber of dreams, of joys and passages,
along your body of cedar traverse the longings,
the most ample exhaustions, the most fatuous
desires, the bitterness of time that you so well
know, the most tender of tendernesses, the most
sullen of pains, and upon your door chest,
in your mouth-like avidity through which the morsel enters
into this house of stones, into this loaf of a home,
there is a blessing of silence and pewter.

Each time we pass under your sane omen
uncertain and forgotten, wielded by time,
abulic or pallid, pummeled in the march,
(workmen forced into the daily toil initiated at the dawn,
concluded in the skewed depth of the pillow),
you place the hands of a transformed tree
upon our heads downfallen into the earth,
upon the shoulders scuppered by the blows of life,
and murmur with your soft breath of wood,
I bless you always because you come from dust,
from the argil that bleeds, dream catcher,
net of angst
and with your fingers you make the sign of the cross,
the splinter of the miracle.

Door, door of cedar, we notice never, never,
your tongue of iron, your noble sweetness
of a mastiff who guards his masters to the end,
of a latch that awaits with clutches
the threat of the climate, of the insect or stranger.

Por tu cuerpo de árbol, por tu aliento de hoja,
entraron uno a uno, recién nacidos, tres bebés,
tres caminos, envueltos en sus mantas de esperanza
y de inicio, calzados con el hambre,
sin placentas y limpios.
Por tu cuerpo de árbol, por tu aliento de hoja,
salió mi padre muerto, descalzo, fugitivo
de su propio camino, envuelto en una manta,
como un recién nacido.
Y un día saldré yo, también como mi padre,
y ojalá que me alcancen los oídos divinos
para escuchar tu voz de puerta, de bisagra, de tronco
decirme lentamente con tu aliento de estaño
yo te bendigo siempre porque vienes del polvo,
de la arcilla que sangra, esparvel del sueño,
esparvel del ansia.

Through your arboreal body, through your leafy breath,
they entered one by one, newly born, three babies,
three roads, enveloped in their blankets of hope
and initiation, shodden with the hunger,
devoid of placentas and unsullied.
Through your arboreal body, through your leafy breath,
my deceased father exited, unshod, fugitive
from his own path, enveloped in a blanket,
like a newborn.
And one day I shall exit, also like my father,
and would to God that my divine ears allow me
to hear your voice of a door, of a hinge, of a trunk
slowly say to me with your pewter breath
I bless you always because you come from dust,
from the argil that bleeds, dream catcher,
net of angst.

A

UN SOFÁ

TO

A SOFA

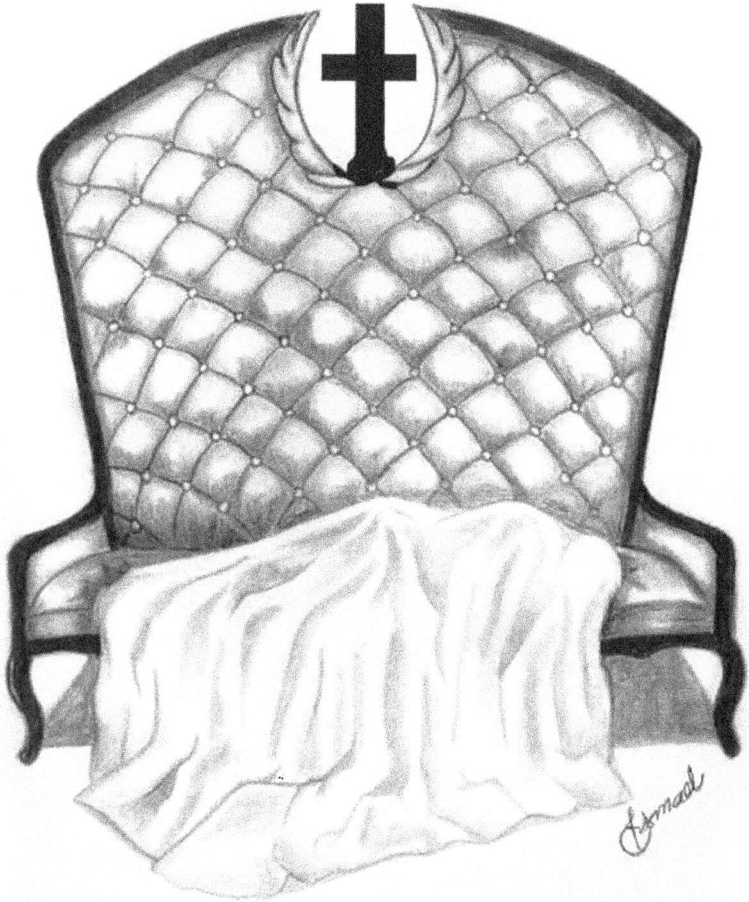

A UN SOFÁ

Hace ya muchos años,
tantos que no hace falta ni siquiera contarlos,
mis padres te escogieron de entre todos los tuyos
por ser el más sencillo, el más fuerte, el más amplio,
y te asignaron el centro de su sala de escombros,
de su incierto destino,
de su hogar remendado con astucias de viejo,
y te fueron llenando de vida los cojines de sombra,
de esperanzas los nobles almohadones de borra.
A tu vientre de mueble leal y cauteloso,
fuimos llegando todos los niños uno a uno
trastocando tu oficio de elegantes galones
en otro de niñera, de marsupial, de vientre
al que le crecen criaturas y semillas,
alguno que otro llanto y una que otra sonrisa.

Hace ya muchos años,
tantos que no hace falta ni siquiera contarlos,
fuimos todos creciendo,
gastando tus maderas, tu terciopelo fino,
e indignos salpicamos de sudor tus verdades,
impregnamos tu tela con la mancha que deja
nuestra sangre en el alma, nuestra arcilla en las manos,
y al pasar de los años pusimos agujeros
en tu esqueleto fuerte, en tu corazón de sabio.
Ni siquiera tuvimos la clemencia de verte,
de pasar por tus sombras nuestros ojos de humano,
ni siquiera te dijimos adiós cuando nos fuimos
de esa casa de infancia, ni gracias, ni lo siento,
y así te abandonamos en casa de los viejos,
igual tal vez que a ellos, ni un adiós, ni un lamento.

TO A SOFA

Many years ago,
so many that it is unnecessary even to count them,
my parents chose you from among all yours
for being the most homely, the most stout, the most ample,
and they assigned you the center of their chamber of rubble,
of their uncertain destiny,
of their home mended with astuteness of old folks,
and they went filling with life your cushions of shadow,
with hope the noble pillows of coarsen wool.
To your belly of a loyal and careful piece of furniture,
we started arriving, all the children one by one
transforming your office of elegant galloons
into one of a sitter, of a marsupial, of a womb
within whom creatures and seeds grow,
an occasional weeping and an occasional smile.

Many years ago,
so many that it is unnecessary even to count them,
all of us grew,
wearing down your woods, your fine velvet,
and indignantly we speckled with sudor your truths,
we saturated your fabric with the stain that our blood
leaves in the soul, our argil in the hands,
and at the pass of time we placed holes
in your strong skeleton, upon your heart of a wise man.
We did not even have the clemency to see you,
to skim our human eyes over your shadows,
we did not even tell you goodbye when we left
from that home of infancy, nor thank you, nor I'm sorry,
and just like that we abandoned you at the home of the old folks
just like we abandoned them, not a goodbye, nor a lament.

Hace ya algunos años me reencontré contigo.
Fue el día en que mi padre murió solo, en su casa,
en mi hogar de la infancia, y al entrar a besarle
los ojos ya caídos, la camisa arrugada,
su frente acurrucada en el manchón de sangre,
te encontré ya muy viejo, oloroso a polilla, deshilado,
anacrónico como todo lo eterno,
y así, débil y enfermo, temblorosas las patas,
sostuviste la muerte del que tanto te quiso,
vientre bueno de espuma,
marsupial del anhelo, del que crece y olvida.

Several years ago I was reunited with you.
It was the day that my father died alone, in his house,
in my home of infancy, and upon entering to kiss his
already fallen eyes, the wrinkled shirt,
his forehead snuggled in the blotch of blood,
I found you already very old, with the stench of woodworms, frayed
anachronistic like all things eternal,
and like that, weak and infirm, with shaky legs,
you endured the death of him who loved you so much,
good innards of foam,
marsupial of desire, of him who grows and forgets.

A

UNA LÁMPARA

TO

A LAMP

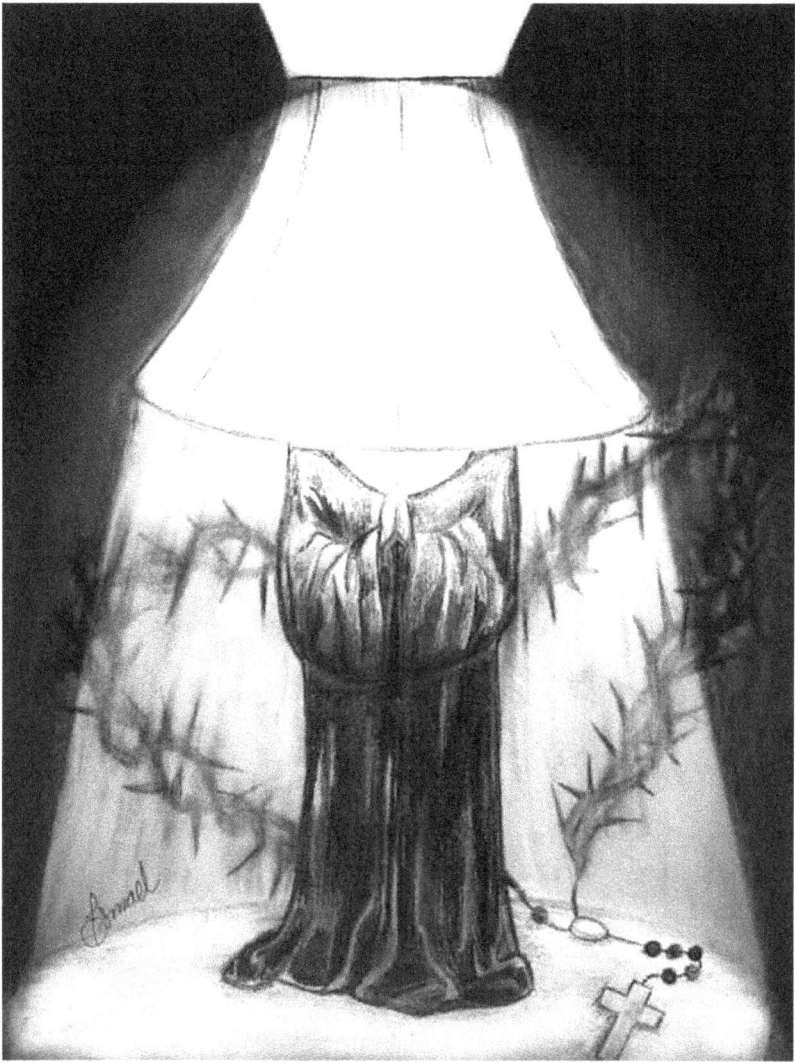

A UNA LÁMPARA

Con tu cofia de seda, más humana que nadie,
esperas diariamente a que el sol se apostille
con su carga de espadas estelíferas, ascuas,
y entonces resucitas, abres lenta los ojos,
te sacudes el polvo de tu vientre encendido,
tu figura de monja solitaria se yergue, rezas,
los salmos se repiten y tu oración trazume
oráculos de luz, largas aspas de plata lanzan
agua a las cosas y todo, todo va renaciendo
bajo tu voz de fuego mesurado que limpia
con rogativas nobles la sombra de las cosas.
Todo se va lavando de oscuridad, letargo,
y de tu hábito surge una estofa de halógeno,
un perfume conventual, unas manos que van
destejiendo lo negro con puntadas astríferas,
con entrega sumaria de invocación y rezo.
Nadie nota siquiera tu presencia de estrella,
tu dignidad de cuerpo luminoso que brilla,
tu sensatez divina, la metáfora humilde
del mensaje de Dios, bastón de esta ceguera
tan ciega que llevamos en el centro del alma.
Nadie nota tu entrega, la absoluta certeza
de saber la verdad más allá de la umbría,
más allá del respiro, del crúor y la arteria.

Yo también te olvidé. A pesar de que fuiste
la que ahuyentó sin tregua el miedo de la noche,
la que posó sus dedos de luz sin condición.

TO A LAMP

With your silken coif, more human than anyone,
you daily wait for the sun to apostillize
with its load of stellar swords, embers,
and then you resuscitate, you slowly open your eyes,
you shake the dust from your lit entrails,
your figure of a solitary nun becomes straightened, you pray,
the psalms are repeated and your prayer transudes
oracles of light, large asps of silver hurl
water at the things and all, all goes on to be reawakened
under your measured voice of fire that cleans
with noble rogations the shadow of things.
All is washed in obscurity, lethargy,
and from your habit surges a quilted matter of halogen,
a conventual perfume, some hands that begin
unwinding that which is black with astriferous stitches,
with terse devotion of invocation and prayer.
No one even notices your stellar presence,
your dignity of a luminous body that gleams,
your divine sensibility, the humble metaphor
of the message of God, staff of this sightlessness
so blind that we carry in the heart of our soul.
No one notices your devotion, the absolute certainty
to know the truth beyond the umbra,
beyond the breath, the cruor and the artery.

I too forgot you. In spite of you having been
the one who relentlessly vanquished the fright of night,
the one who alit her fingers of light unconditionally.

Hoy dicen que estás fea, gastada, temblorosa,
yo me pregunto por qué siguen tan ciegos,
cómo no notan la seda de tu cofia, la dignidad
del hábito, la blancura del claustro, la luz
de tu almidón, monja buena que sabe invocar
con la luz el perdón de lo humano, el perdón
de estos ojos, el perdón por la sombra, el perdón.

Today they say that you're ugly, wasted, rickety,
I ask myself why they go on so blindly,
how they don't take notice of your silken coif, the dignity
of the habit, the whiteness of the claustrum, the light
of your starch, good nun who knows how to invoke
with light the pardon of that which is human, the pardon
of these eyes, the pardon for the shadow, the forgiveness.

A
UNA ALFOMBRA

TO
A RUG

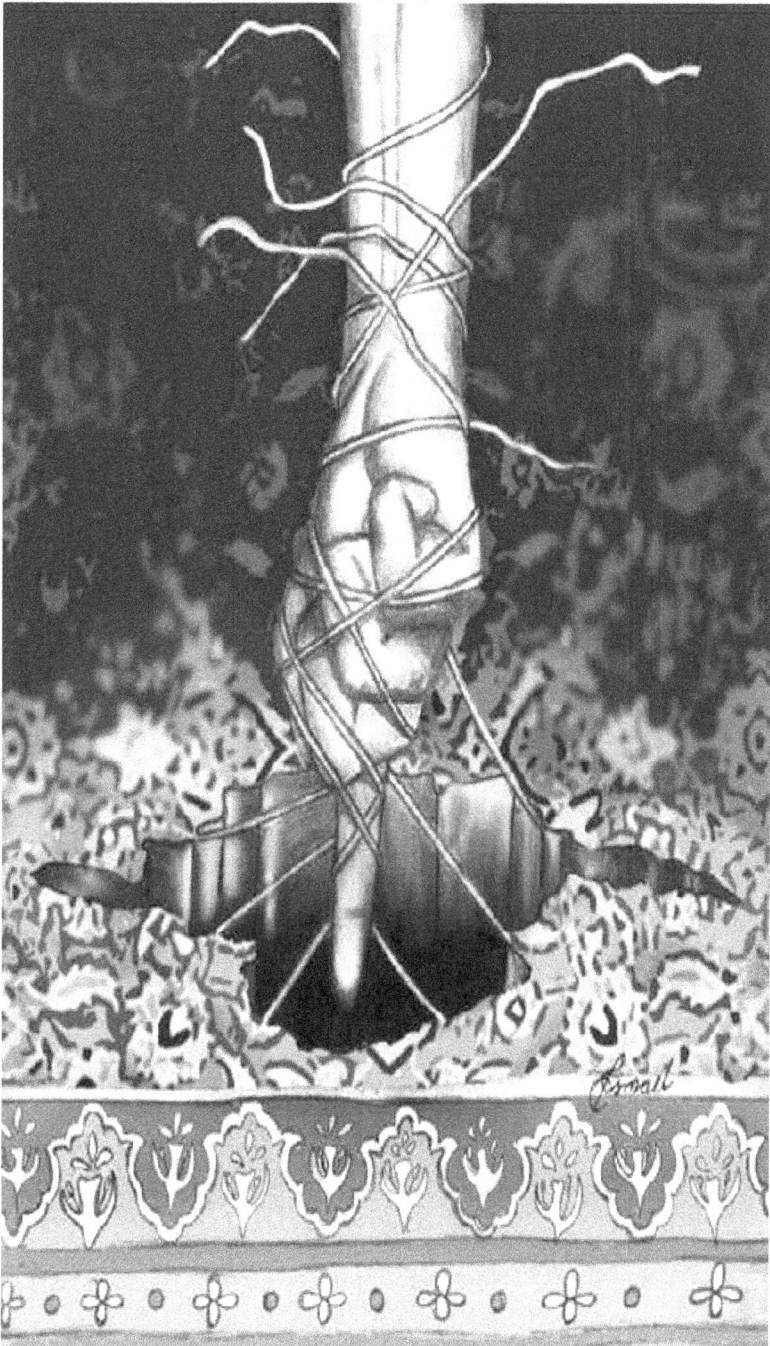

A UNA ALFOMBRA

Naciste en una tierra lejana, de montañas,
de honradeces vestidas con chadores y faldas,
de palacios azules y cúpulas doradas,
pero tú no naciste en alcázares amplios,
en tinajas de mármol, en arqueadas de sueño.
Tú llegaste a la vida de las manos callosas
de una mujer humilde que trenzó con paciencia
cada uno de tus nudos, que tiñó tus puntadas
con colores y ríos de lana intrincados y finos.
Cuántas veces soñaste con inaugurar tu vida
sobre lozas inmensas de granito y espejo,
sintiendo en tu presencia las zapatillas finas
de un baile palaciego, mirando muy soberbia
los brazos enredados, los cuerpos seductores
de parejas que bailan la canción de la vida,
de mujeres que vuelven sus ojos hacia el suelo
y descubren absortas el milagro tan bello
de tu hermosa caricia de alfombra distinguida.
Pero no sería Persia tu hogar, ningún palacio,
ningún baile de gala, ninguna aristocracia.
Te trajimos envuelta entre burdos cordeles,
cruzaste como un ave aterida muchas leguas y mares
arribando a esta casa de sudores y rafia
a iniciar tus labores de extranjera exiliada.
¡Cómo extrañaste, cómo! La lengua de tu ausencia,
las rodillas caladas sobre tus suaves huesos
de quien tejió tu cuerpo y te bautizó rezando,
y te cantó al oído poemas de Hafez, poesía de Shamloo.
Cabalmente cumpliste tu palabra empeñada.
Tu excepcional belleza se inauguró en esta casa,
entre bebés gateando y niños que corrían
con zapatos lodosos de inauguración y vida.

TO A RUG

You were born in a foreign land, of mountains,
of dignities enshrouded in chadors and skirts,
of blue palaces and golden cupolas,
but you were not born in lavish alcazars,
in tubs of marble, in archways of dreams.
You came to life at the calloused hands
of a humble woman who plaited with patience
each one of your knots, who tinted your stitches
with intricate and fine colors and rivers of wool.
How many times did you dream of inaugurating your life
over immense stoneware of granite and mirror,
feeling in your presence the fine slippers
of a palatial ball, looking very haughtily
at the entangled arms, the seductive bodies
of couples who dance the song of life,
of women who turn their eyes to the ground
and uncover entranced the miracle so beautiful
of your lovely caress of a distinguished carpet.
But Persia would not be your home, not a palace,
not a formal ball, not an aristocracy.
We brought you enveloped among coarse cordelles,
you crossed like a bird of prey many leagues and seas
arriving at this home of sudor and raffia
to begin your labor of an exiled foreigner.
Oh how you missed—oh how! The tongue of your absence,
the knees indented upon your soft bones
of whom your body wove and christened you praying,
and sung to your ear the poems of Hafez, poetry of Shamloo.
Soundly you fulfilled your unyielding word.
Your exceptional beauty was inducted in this home,
among crawling babies and children who ran
with muddied shoes of induction and life.

Al principio resentiste el inclemente sino,
tu vida de plebeya, las cáscaras de fruta rodadas
en tu magnífico rostro de odalisca y de rabia.
Hubieras anhelado tener alas, marcharte a tu tierra
de suaves negligencias, de festines constantes.
Entonces una tarde la ilusión se murió,
le temblaron huesudas las rodillas de espanto,
y te encontraste vieja, gastada, remendada.
El mayor de los niños, ya hecho hombre, contaba
a la novia impecable, sobre los buenos tiempos
en tu hermosura sana, sobre los juegos que de niños
jugaban en tu cuerpo de alfombra oriental y mágica.
-¡Qué belleza, qué linda!- repetía la chica
y el novio sonreía mientras te acariciaba.
En ese instante, entonces, te llegó la consigna
y te nacieron nudos de greda y calamita…

At first you resented the inclement fate,
your plebeian life, the rinds of fruit rolled
on your magnificent countenance of odalisque and of rage.
You would have longed to have wings, to take leave to your land
of soft negligence, of constant feasts.
Then some afternoon the hope perished,
her bony fright-stricken knees shook,
and you found yourself old, worn, mended.
The eldest of the children, already a man, told
the impeccable girlfriend, about the good times
on your sane beauty, about the games that as children
were played upon your body of an oriental and magical rug.
"What a beauty, how lovely!" repeated the girl
and the boyfriend smiled while he caressed you.
In that instant, then, your orders arrived
and knots of clay and calamite were born unto you…

A
UN PIANO

TO
A PIANO

A UN PIANO

Desde que llegaste te supiste otro,
más allá de los verbos,
las palabras y el hosco oficio de la lengua,
esparvel de los cielos, estrofanto del aire,
con los pies en la tierra
y el corazón punzado por translúcidas teclas,
fuiste llenando todas las tristezas con calma,
los dolores con viento,
la sordera con música y solfeos de ámbar
y sin palabra alguna nos sanaste las carnes
ateridas del alma.

Herencia de otros años, otros seres y cantos,
colocamos tu cuerpo versallesco y muy blanco,
sobre una humilde esquina de un somero cuarto.
Tú te sabías otro, más allá del objeto,
más allá del estrinque entre lo vivo y muerto.
Poco a poco encendiste las manos de los niños,
les enseñaste a hablar tu idioma de matices,
de dialectos del alma, de geranios curtidos,
y los hiciste hombres con el don de los dedos
adiestrados en el fino trabajo de tocar la otra cara
de la arcilla y del río.

Hoy estás viejo, gastado, moreteado del cuerpo,
olvidado te brindas como atril de otros menos
importantes que tú; el mantón de manila,
el florero de Bavaria, el lápiz demudado,
pero eso no te importa porque te sabes otro,
eternamente nuevo,
en tu lengua sin verbos, sin palabras ni habla,
estrofanto del aire, de las manos ajadas,
de todo lo que duele, de todo lo que ama.

TO A PIANO

From whence you arrived you knew yourself another,
beyond the verbs,
the words and the surly office of the tongue,
the dream catcher of the heavens, strophanthus of the air,
with its feet on the ground
and the core punctured by the translucent keys,
you set out filling all the sorrows with calmness,
the aches with wind,
the deafness with music and *solfeggios* with amber
and without a single word you soothed the toughened
fleshes of our soul.

Legacy of other years, other beings and songs,
we placed your Versailles-esque and very white body,
upon a humble corner of a cursory room.
You knew yourself another, beyond the object,
beyond the stout link between that which is alive and dead.
Little by little you lit the hands of the children,
you taught them to speak your language of hues,
of dialects of the soul, of weathered geraniums,
and you made them men with the gift of the fingers
adroit with the fine labor of touching the other face
of the argil and the river.

Today you are old, worn, black-and-blue bodied,
forgotten you render yourself as a lectern unto others less
important than you, the silk shawl from Manila,
the vase from Bavaria, the distraught pencil,
but that is unimportant to you because you know yourself another,
eternally new,
in your tongue without verbs, without words or speech,
strophanthus of the air, of the withered hands,
of all that aches, of all that loves.

A
UNA VENTANA

TO
A WINDOW

A UNA VENTANA

Hoy la lluvia es tu aliada.
La lluvia tiene hoy calidad de invitada,
de huésped no deseado, de alusiones a mar.
El patio de la casa va llenándose todo
de lodosas abarcas, de macetas que gozan,
de estanques imprevistos, de insectos ensopados.
Nuestra casa se estrena con cada lluvia nueva,
compañera de piedra, maderaje de madre.
En cambio tú, ventana, constantemente vives
tu examen de conciencia, tu cristal de pupila,
tu transparencia alta, tacones de aluminio,
catalejo de mundos salvajes y domésticos.
Nadie repara nunca en tus coriáceos tules
transparentes de novia que aspira a que la gocen,
en tu velo de drusa, en tu risa de hierba
sostenida en azaleas, en tus ojos abiertos
constantemente al cielo, en tus manos de aire
en perpetuo contacto con lombrices e insectos.
Nadie sabe apreciarte, nadie sabe mirarte,
ni observar lo que hay fuera bendiciendo tu rostro,
ni sentarse a tu lado a descubrir el mundo
de tu pulso seguro, de tu diáfana mano.
Hoy la lluvia es tu aliada.
Hoy la lluvia se afana. Hoy la lluvia levanta
la cola cristalina de tu traje de novia;
desempolva el vestido violado con descuidos,
maquilla con fuentes y pájaros mojados
tu rostro de criatura templada en el olvido,
tu faldón alvidriado con cuarzos, con hialinos,
tus ojos de vidente, tus voces de tarreña.

TO A WINDOW

Today the rain is your ally.
The rain today has the quality of an invitee,
of an unwanted guest, of sea-like allusions.
The patio of the house is completely filling up
with muddy abarkas, of flower pots that enjoy,
of improvised ponds, of sopped-up insects.
Our house debuts with each new rain,
companion of stone, woodwork of a mother.
You conversely, window, constantly live out
your soul searching, your crystal of a pupil,
your high transparency, aluminum heels,
spyglass of savage and domestic worlds.
No one repairs upon your transparently coriaceous
tulles of a bride who wishes to be enjoyed,
upon your veil of druse, upon your herbal laughter
sustained upon azaleas, upon your eyes open
constantly to the heavens, upon your hands of air
upon your perpetual contact with earthworms and insects.
None knows how to appreciate you, none knows how to look upon
nor to observe outside blessing your visage,   [you
nor to sit beside you to uncover the world
of your assured pulse, of your diaphanous hand.
Today the rain is your ally.
Today the rain is obstinate. Today the rain lifts
the crystalline train of your bridal gown;
it dusts off the dress violated by neglect;
conceals with fountains and sodden birds
your face of a tempered creature in oblivion,
your coattail embrittled with quartzes, with hyalines,
your eyes of a soothsayer, your clapper voices.

Hoy la lluvia es tu aliada.
Hoy la lluvia levanta mi vista de cegueras
y descubro tu cara de ventana lavada,
tus párpados de novia que estrena una mirada,
tu corazón que late atarquinado y sereno.
A tientas hoy me siento junto a tus pies de vidrio.
Obcecado este corazón, ciegos sus ojos vivos,
oigo llorar alegres tus tejidos nupciales,
tu velo sin violetas, tu translúcido gusto.

Today the rain is your ally.
Today the rain lifts my sight from blindness
and I discover your face of a washed window,
your eyelids of a bride who tries out a new look,
your heart beats silted and serene.
Fumbling about the darkness, today I sit by your glass feet.
Obdurate this heart, sightless her lively eyes,
I hear your nuptial tissues weep happily,
your veil without violets, your translucent delight.

A
UN ESCRITORIO

TO
A DESK

A UN ESCRITORIO

Digno, sobrio, de elegancia fácil,
sobre ti van cayendo lanzas de papel,
fosas de tinta,
palabras muertas y palabras vivas.
Sobre tu superficie he escrito
cartas a mi padre, tarjetas amorosas,
peticiones, facturas,
poemas y una que otra rencilla.
Nada, ni una sola palabra aún vale
lo que tu solidez de guardia,
lo que tu discreción de espina.

Sobre ti esta casa vierte ya sus memorias,
sus secretos de escoria,
la inminente partida,
y antes de que todos se vayan
te habrán puesto sus huellas,
sus dibujos azules, sus cartas a las novias,
sus errores silentes.
Todos se irán, todos. Sólo yo quedaré.
Nos pillarán los años igual que ahora
y siempre:
yo vieja y escribiendo;
tú viejo y soportando.

TO A DESK

Dignified, tempered, of easy elegance,
upon you lances of paper begin to fall
wells of ink,
dead words and live words.
On your surface I have written
letters to my father, love cards,
petitions, statements,
poems and a quarrel or two.
Nothing, not a single word is even worth
that of your solidity of a guard,
that of your discretion of a thorn.

This house now sheds upon you its memories,
its secrets of scoria,
the imminent parting,
and before everyone leaves
they will have placed their finger prints upon you,
their blue drawings, their letters to girlfriends,
their silent errors.
They will all leave, all of them. Only I shall remain.
The years now like always
will pass us by:
I, old and still writing;
you, old and withstanding.

A
UN SACUDIDOR

TO
A FEATHER DUSTER

A UN SACUDIDOR

Ángel del polvo, aprendiz de humano,
cuántas veces tus dedos fueron tomando forma
entre las escolleras de una casa que oculta
con ceniza sus tenues tolvaneras de sangre,
sus ojeras de noches desveladas y tristes.

Cuántas veces tomé tu figura sin alas,
tu implumidad de ave nutrida en la torpeza
de la vida que exige sus telones de polvo,
su despliegue terrestre de suciedad y olvido,
su hálito telúrico de suelo y superficie.

Cuántas veces te hallé atareado en lo tuyo,
sumergiendo tu andrajo de arcángel maltratado
en la labor del polvo inclemente, morfino.
Cuántas veces pusiste la otra mejilla blanca
y te golpeó la vida con sus dedos tan sucios.

Cuántas veces yo misma te abandoné a tu sino
de ente luminoso, de mácula, de alacridad sin nido,
de ángel que bautiza misericorde a otros, oblato
en la migaja, en el lodo de la calle, en la herrumbre
que mana sobre todas las cosas, sobre todos los días.

Huérfano de la estopa, ¿quién te enseñó a limpiar
las heridas del polvo, la estafa de la vida que te paga
tan poco, la sordidez del limo que se aferra al tejido?
¿Quién te enseñó a sanar la sed de tus hermanos,
la enfermedad del fango, la cicatriz del légamo?

TO A FEATHER DUSTER

Angel of dust, human apprentice,
how many times did your fingers begin to take form
amidst the jetties of a house that absconds
with ashes its tenuous dust storms of blood,
its dark circles of sleepless and sad nights.

How many times did I take your wingless figure,
your implumedity of a fowl nurtured in the torpidity
of the life that expects its backdrops of dust,
its terrestrial unfurling of filth and oblivion,
its telluric gentle breeze of ground and surface.

How many times did I find you busy about your own affairs,
submerging your rags of a mistreated archangel
into the toil of the inclement morphinous dust.
How many times did you turn the other white cheek
and did life strike you with its oh so filthy fingers.

How many times did I myself abandon you to your fate
of a luminous being, of a macula, of alacrity without a nest,
of an angel that baptizes others mercifully, oblate
in the morsel, in the mire of the street, in the rustiness
that emanates upon all the things, upon all the days.

Orphan of the tow: who taught you to debride
the wounds of the dust, the swindle of life that pays you
so little, the sordidness of the slime that clings to the fabric?
Who taught you to heal the thirst of your siblings,
the illness of the sludge, the scar of the slime?

Ángel de la tierra, aprendiz de humano,
mira el harapo en que se transformó tu túnica, el constante
desgaste de tus pies descalzos, de tus dedos santos,
del corazón que sigue alafiado, sereno, alzándose
en su vuelo de arcángel que gravita las estelas del polvo.

Angel of dust, human apprentice,
look at the rags into which your tunic was transformed, the constant
wear of your unshod feet, of your saintly fingers,
of the heart that goes on pardoned, serene, lifting itself
in its flight of an archangel that gravitates upon the trails of the dust.

A
UNA ESCOBA

TO
A BROOM

A UNA ESCOBA

¡Qué terrible destino el de la escoba!
Raquítica, precaria, tus piernas flacas
apenas si sostienen la ingravidez de sonda,
tu perfume de establo mezclado con alfombra.
Te inventaron con el mezquino fin
de limpiar el desorden de los pasos de otros,
los zapatos que besan con su tristeza el piso,
el polvo en las baldosas, la suciedad y el lodo.
Nadie piensa en tus ojos salientes de palmito,
tus senos de taray, tu vientre de retama,
nadie se acuerda, nadie, de tu origen de savia,
tus lejanos inicios de raíz subterránea.
No sé quién te trajo a vivir a mi casa,
a cumplir tu precario futuro de obrera amedrentada,
a vivir tu destino de suciedad y armario.

Casualmente esta tarde te descubrí en tu sitio,
más delgada que nunca, tu falda de hojas lucía
sin miramientos los excesos del uso, el olvido, el abuso.
Nadie se acuerda, nadie, de tu origen de savia,
tus lejanos inicios de raíz subterránea.
Nadie danza contigo la parábola agreste
del mesías que viene a redimir el polvo,
nadie abraza con sueños tu cintura de hambre,
tu calidad de espuma, tus nutrientes de balsa
que transita dormida diarios mares de mugre.
Un día, tal vez, cuando te echen al cesto final
de la basura, tumba indigna de ti, escoba, escoba,
me verás con acierto y pensarás
pobre de ella,
tan parecida a mí,
¡qué terrible destino el de nosotras!

68

TO A BROOM

What a terrible destiny is that of the broom!
Rickety, precarious, your skinny legs
scarcely holding up the lightness of a sounding line,
your perfume of a stable mixed with carpet.
They invented you with the paltry end
of cleaning the disarray of the steps of others,
the shoes that kiss with their sorrow the floor,
the dust upon the tiles, the grime and the mire.
No one thinks of your protruding eyes of a palmetto,
your bosoms of salt cedar, your womb of furze,
no one remembers, no one, your sap origins,
your distant beginnings from a subterranean root.
I know not who brought you to live in my house,
to fulfill your precarious future of a frightened laborer,
to live out your destiny of filth and closet.

Coincidentally this afternoon I found you in your place,
more slender than ever, your skirt of leafs showed
without circumspections the excesses of use, neglect, abuse.
No one remembers, no one, your sap origins,
your distant beginnings from a subterranean root.
No one dances with you the agrestic parable
of the messiah that comes to redeem the dust,
no one embraces with dreams your emaciated waist,
your quality of spume, your nutrients of balsa
that traverse sleeping through daily seas of grime.
One day, perhaps, when they cast you into the terminal basket
of trash, a tomb unworthy of you, broom, broom,
you shall see me with prudence and you shall think
woe to she,
so much like me,
what a terrible destiny is that of ours!

A
UN LAVABO

TO
A SINK

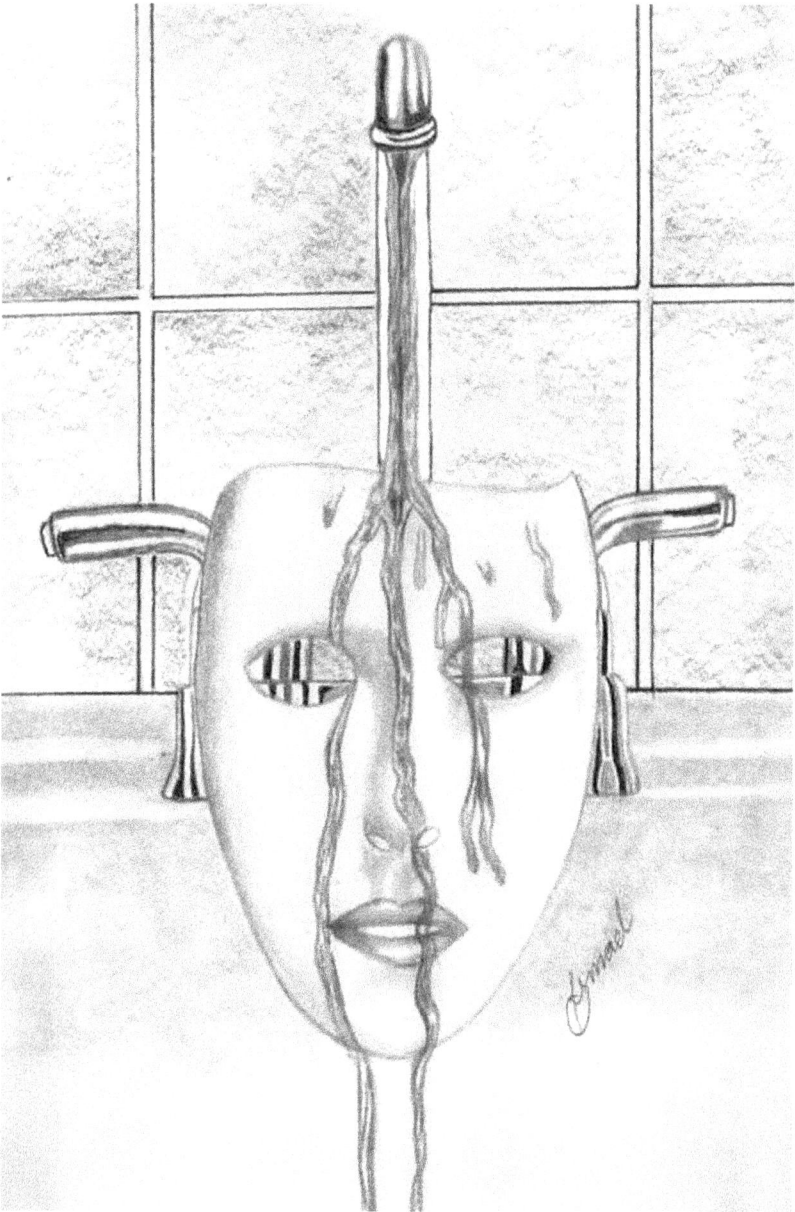

A UN LAVABO

Levirato del grifo,
levirato del agua,
jaculatoria blanca
del jabón y del lodo,
todos los días pongo
en tu pileta diestra
mis manos y mi rostro,
te los entrego sucios,
callosos, destemplados,
y tú los vas sanando
en tu seno sagrado
de porcelana y mármol,
en tu lejana cara de caracola,
de molusco que calma.
Levirato del grifo,
levirato del agua,
pileta bautismal
de la carne manchada.
Sin queja y sin lamento
tú realizas tu oficio,
a pesar de la grieta
que te ha abierto ya el tiempo,
de aseo, de limpieza impoluta,
tú transformas las manos,
transfiguras el rostro,
los desvistes del polvo,
los recibes abierto
sin condición ni cláusulas,
como un padre a su hijo,
y los vuelves al mundo
depurados de marcas,
depurados de hez,
levirato del grifo,
levirato del agua.

TO A SINK

Levirate of the faucet,
levirate of the water,
white prayer
of the soap and the mud,
everyday I place
in your dexterous basin
my hands and my face,
I surrender them unto you soiled,
calloused, distempered,
and you begin to heal them
in your sacred gulf
of porcelain and marble,
in your distant countenance of triton,
of a mollusk that sooths.
Levirate of the faucet,
levirate of the water,
baptismal basin
of the tainted flesh.
Without objection and without lament
you carry out your role,
despite the fissure
with which time has already rent you,
of tidiness, of uncontaminated cleanliness,
you transform the hands,
transfigure the face,
you divest them from dust,
you welcome them openly
without preconditions or clauses,
like a father to his son,
and you return them unto the world
devoid of marks,
cleansed of the dregs,
levirate of the faucet,
levirate of the water.

A

UN INODORO

TO

A TOILET

A UN INODORO

¡Pobre, pobre inodoro!
No hay eufemismo justo para tu noble oficio,
no hay descripción posible para tu sacrificio.
Alguien me dijo un día que tú eras la serpiente,
condena escarmentada en la cal y en las heces,
ángel caído al fuero medular de los hombres,
mujer hecha ya piedra para los pecadores.
Yo no lo creo, no.
Si hubiera un evangelio sagrado de las cosas
tú serías de todas la mejor redimida, sacrificio
que nutre su condena en silencio, oveja sin pastor,
esperando a que vuelvan el cayado y la guía,
la hierba, el campo limpio y el agua cristalina.
¡Pobre oveja del miedo!
¡Pobre oveja del hombre!
Sanadora del vientre, piedra de ojos cegados
que sueña con volver a su origen divino,
a su pastura amplia de montañas y árboles,
a su lenguaje honrado de dovelas y monte.
Yo sé que tú serás, de todas las creaciones,
la primera en salvarse, la primera en volver
a los brazos piadosos del pastor de las cosas,
allá serás de nuevo la que fuiste entre todos,
antes del cataclismo, de la repartición de oficio,
y habrán de premiar tu estoicismo tan digno,
tu inmolación de oveja, tu hierático sino,
sahumarán en tu sangre tu pasado letrínico,
y podrás correr libre de todo peso humano
por las tierras que hoy sueñas con los ojos cerrados.

TO A TOILET

Poor, poor toilet!
There is no just euphemism for your noble office,
there is no description possible for your sacrifice.
Someone told me one day that you were the serpent,
condemnation chastened in the lime and the feces,
fallen angel downcast into the medullar jurisdiction of men,
woman already turned to stone for the sinners.
I do not believe it, no.
If there was a sacred gospel of the things,
of them all you would be the best redeemed, sacrifice
that feeds its penance in silence, lamb without a shepherd,
awaiting the return of the staff and the trail,
the herb, the clean fields and the crystalline waters.
Poor lamb of fear!
Poor lamb of man!
Healer of the belly, stone of blinded eyes
that dreams of returning to her divine origin,
to her ample pasture of mountains and trees,
to her honorable language of voussoirs and thickets.
I know that you will be, of all creation,
the first to find salvation, the first to return
to the merciful arms of the shepherd of the things,
there you will be once more she that you were among them all,
before the cataclysm, the distribution of duties,
and they shall reward your most dignified stoicism,
your immolation of a lamb, your hieratical fate,
in your blood they shall infuse your latrinesque past with incense,
and you may run free from any human burden
through the lands of which you dream today with your eyes shut.

A
UNA ESTUFA

TO
A STOVE

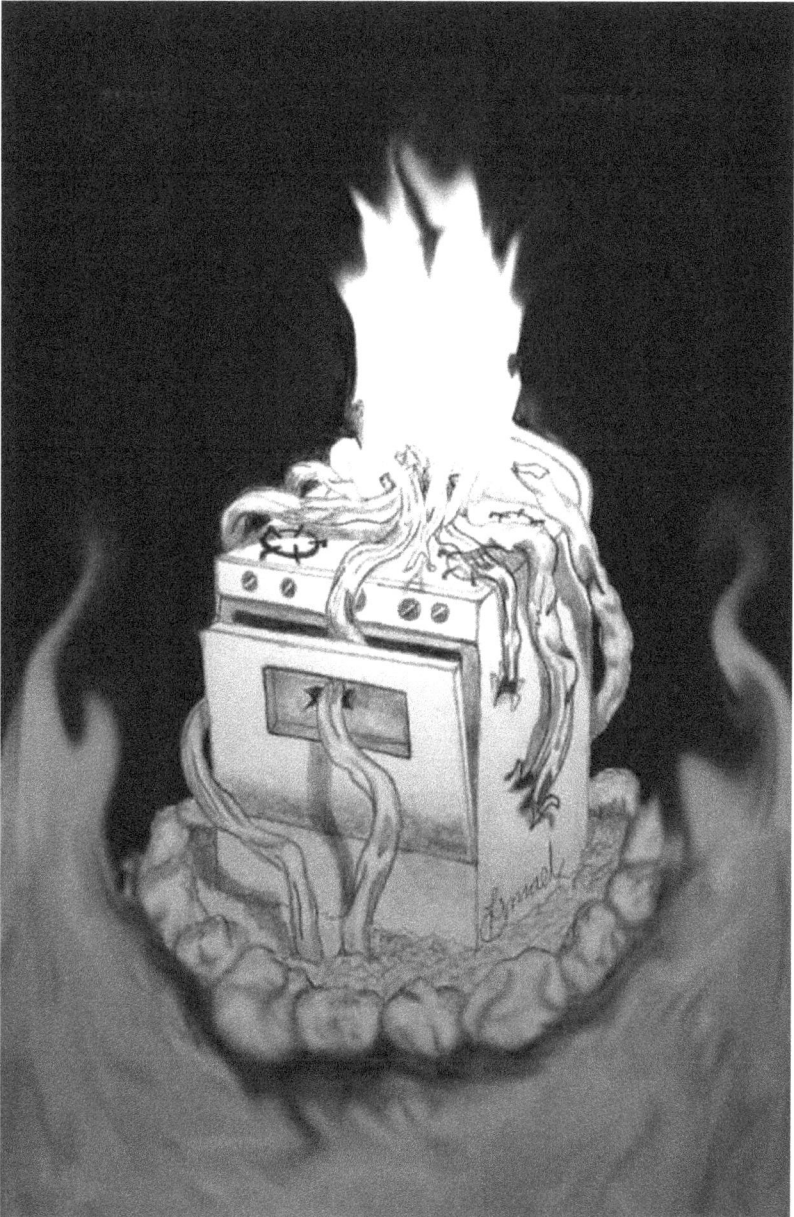

A UNA ESTUFA

Tu origen es humilde,
descendiente directo de un fogón
y más allá del fuego
del arbusto quemado.

Algo incómoda
llevas el aluminio de tu cuerpo,
una máscara límpida,
un disfraz, la mentira.

Yo sé quién eres, yo
comparto tu desdicha de enser
apabullado, tu dulzura
de mito masacrado.

Todos te ven y olvidan
quién eres, tus inicios de hambre,
de milagro y misterio,
de ritos primigenios.

Quizá sea el miedo,
el terror de saberse descendientes
directos de aquellos
celebrantes de tu fuego.

TO A STOVE

Your origins are humble,
direct descendent of a firebox
and beyond the fire
of the burnt brush.

Somewhat uncomfortable
you take the aluminum of your body,
a limpid masque,
a disguise, the lie.

I know who you are, I
share your misfortune of a household good
crushed, your sweetness
of a massacred myth.

All see you and forget
who you are, your beginnings of hunger,
of miracle and mystery,
of primitive rites.

Perhaps it is the fear,
the terror to know themselves direct
descendants of those
celebrants of your fire.

Hoy, sin testigos,
tú y yo quemaremos los disfraces,
serás el primer fuego,
cantaré tu milagro

de tu vientre saldrá
el pan, el alimento, y comeré de ti
humilde, agradecida,
y me bautizarás así,

sin culpa ni pecado.

Today, without witnesses,
you and I shall burn the disguises,
you shall be the first fire,
I shall sing of your miracle

from your womb shall emerge
the bread, the aliment, and I shall eat from you
humble, grateful,
and you shall christen me like this,

without fault or sin.

A
UNA MESA

TO
A TABLE

A UNA MESA

Tú no lo sabes, no.
Seguramente a diario te preguntas
quiénes son los extraños, los transgresores
raros de tu espacio habitado.
Madera oscura, amplia la generosidad
de tu lomo de mula, la fineza hosca
de tu vientre labrado en Indonesia.
Unas manos tallaron tu silencio de tronco,
tu hieratismo frágil, la ternura
de árbol caído para virtud de nadie.
Alguna vez habrías días mejores,
desde esas otras miras
de tu altura impaciente, tu dignidad
de ser reina en la jungla de oriente.
Alguien, no sé quién ni sé donde,
tronchó tu cuerpo a medias,
mordió tus torceduras, tus ríos de madera,
transformándote en mesa.
Tú no lo sabes, no.
Nadie piensa en tu trágico sino,
en tu tragedia de animal de carga,
en tu dolor de domesticidad y objeto.
Pero yo pienso en ti, mesa, mi mesa.
A mí me gusta tu silencio rendido,
tu sometimiento de fiera ya cansada,
la entereza que viene de ser árbol y áncora,
y cuando alguien derrama el café
o te llega el golpe de la rabia ajena
o la quemadura del plato que te mancha,
no te derrumbas, no.

TO A TABLE

You know it not, no.
Surely you ask yourself daily
who are the strangers, the odd
transgressors of your inhabited space.
Dark wood, ample the generosity
of your loin of a mule, the coarse finesse
of your belly wrought in Indonesia.
Some hands carved your trunk of silence,
your fragile hieraticism, the tenderness
of a fallen tree for the virtue of no one.
At some point you must have had better days,
from those other sights
of your impatient height, your dignity
to be queen in the jungle of Orient.
Someone, I know not who nor whence,
halfway rent your body,
bit your twists, your rivers of wood,
transforming you into a table.
You know it not, no.
No one thinks about your tragic fate,
about your tragedy of a beast of burden,
about your pain of domesticity and object.
But I think of you, table, my table.
I like your surrendered silence,
your submission of a beast already weary,
the wholesomeness that comes from being tree and anchor,
and when someone spills the coffee
or the pummels of another's rage befalls you,
or the burn from the plate that stains you,
you do not fall apart, no.

Pensarás en tu pasado de raíz,
en tu falda de sombras.
Por eso ayer, después del puñetazo,
te besé la cordura de madera limpia.
Hoy habrá pan y fruta y vasos limpios.
A solas tú y yo compensaremos
nuestro mutuo destino sin agravios.

You may think of your past as a root,
of your skirt of shades.
That is why yesterday, after the punch,
I kissed your limpid-wood prudence.
Today there shall be bread and fruit and clean glasses.
Alone you and I shall compensate
our mutual destiny without offenses.

A
UN COLCHÓN

TO
A MATRESS

A UN COLCHÓN

Viejo colchón, galeón de sueños,
te sostienes milagrosamente de la mano del tiempo.
Te trajeron mis padres a una casa alquilada,
a una habitación de ventanas y polvo.
Te vistieron de sábanas de percal,
de alegrías y miedos.
Te llenaron de niños, de leche, de migajas
y tiempo.
Después todos nos fuimos.
Marchamos a la vida, a la muerte, al olvido.
Entonces, (desconozco el momento
de lucidez) recordé tus ternuras
de resortes y espumas, tus maletas de sueños.
Te traje así a esta casa,
a este nuevo mar de azulejos y pisos
donde hoy navegas con muletas y remos.

Ahora ya rechina tu esqueleto de escombros,
pero sigues guardando en camarotes de buque
las nuevas costuras que te vamos tejiendo.
A veces, acostada en tu vientre de galeón,
sé que mides mi cuerpo con el molde
de niña que dejé en tu memoria.
Has crecido, has crecido, dirás a tus adentros,
y crujes con dolor de colchón viejo.
Yo lloro y te engaño, viejo ciego,
no quiero que conozcas mi tristeza de siempre,
esta desesperanza que te va humedeciendo,
es leche, sólo leche, leche de niños
que van robusteciéndose.
Tú te engañas y sigues navegando
esta casa sin mar, esta infancia sin huesos.

TO A MATTRESS

Old mattress, galleon of dreams,
you miraculously cling to the hand of time.
My parents brought you to a leased home,
to a bedroom of windows and dust.
They dressed you with sheets of percale,
of joys and fears.
They filled you with children, with milk, with crumbs
and time.
Afterwards we all left.
We set out to life, to death, to oblivion.
Then, (I know not the moment
of lucidity) I remembered your tendernesses
of springs and spumes, your suitcases of dreams.
I brought you to this house,
to this new sea of tiles and floors
where today you navigate with crutches and oars.

Now your skeleton of debris squeaks,
but you continue keeping in berths
the new stitches that we weave upon you.
At times, as I lay upon your galleon tummy,
I know that you measure my body with the cast
of a girl that I left in your memory.
You have grown, you have grown, you'll say to your entrails,
and you creak and crack with the pain of an old mattress.
I cry and I fool you, blind old man,
I don't want you to know my sadness of always,
this hopelessness that passes on to dampen you,
is milk, only milk, milk of children
that go on to robustify themselves.
You mislead yourself and continue to navigate
this house without a sea, this infancy without bones.

A
UNA CÓMODA

TO
A DRESSER

A UNA CÓMODA

Recién nacida fuiste dulcemente labrada
por las manos del hombre que bautizó tu oficio,
seis cajones te dieron por rostro y por destino,
seis cajones vacíos de memoria y de olvido.
Desde un aparador de alguna mueblería
anunciaron al mundo tu nacimiento
y desde ahí veías con juventud alegre
el futuro tan amplio de tu gran aventura,
tu porvenir llegaba desplegante e intacto.
A esta casa entraste nueva, completa,
destilando alegría de madera imberbe,
destilando sonrisas de metal impoluto,
abriendo y cerrando con soltura tus miembros
que pedían hambrientos empezar su fortuna.

Así empezaste pues tu vida novedosa,
cubierta de floreros, de adornos, de rosarios,
seis cajones te dieron por rostro y por destino,
seis cajones vacíos de memoria y de olvido.
Tu vida de ordenada pasó a un caótico universo
de piyamas, de blusas, de medias, de bufandas,
poco a poco olvidamos llenarte los floreros,
besarte los rosarios, sólo el sacudidor murmuraba
a tu oído de caoba tronchada, *todo bien, todo bien*;
y fuiste, sin querer, madurando a fuerza
de perder la alegría, de perder el encanto,
de guardarte tus sueños junto a nuestros doblados.
Un día te colocamos sin prejuicio en el clóset;
tenías ya estriada la madera, manchada la herrería,
rechinante tu envarado de toses, tu corsé de gavetas.
Mantenías en cambio tu palabra empeñada
y guardabas discreta nuestra ropa gastada
y uno que otro papel vergonzoso, secreto,
como quien guarda hijos, como quien guarda plata.

TO A DRESSER

Newborn you were sweetly carved
by the hands of the man who christened your office,
six drawers were given unto you for your face and destiny,
six drawers devoid of memory and oblivion.
From a showcase of some furniture store
they announced your birth unto the world
and from thence you would see with jovial youth
the future so vast of your great adventure,
your future arrived unfurling and intact.
Unto this house you entered new, complete,
distilling joy of callow wood,
distilling smiles of unpolluted metal,
opening and closing with ease your members
who asked eagerly to commence their fortune.

Thus, that is how you started your new life,
covered with flower vases, decorations, rosaries,
six drawers were given unto you for your face and destiny,
six drawers devoid of memory and oblivion.
Your life of order passed onto a chaotic universe
of pajamas, of blouses, of hosiery, of scarves,
little by little we forgot to fill your flower vases,
to kiss your rosaries, only the feather duster murmured
to your ear of truncated mahogany, *all is well, all is well*;
and you began, against your will, to mature by force;
to lose joy; to lose the delight
of storing your dreams alongside our folded things.
One day we placed you, without worry, in a closet;
you already had your wood striated, your hardware tarnished,
squeaking your stiffness of coughs, your corset of drawers.
You, on the other had, maintained your determined word
and you kept discretely our worn clothes
and an occasional embarrassing paper, secret,
like one who stows sons, like one who stows silver.

Un día, pronto, te sacaré del claustro,
de ese convento de harapos arrugados,
te devolveré al centro de aquella habitación soleada,
adornaré de nuevo tu vejez agrietada
y ocuparás muy digna tu lugar en la casa,
tu puesto de abuela, de matrona,
guardiana de la memoria, sencillez de nostalgia,
seis cajones te dieron por rostro y por destino,
seis cajones vacíos de memoria y de olvido
que hoy laten como nunca su vejez,
transpirando papel y fatigas de carga,
la indignidad humana, el respiro del polvo.

One day, soon, I will bring you out from the claustrum,
from that convent of wrinkled rags,
I shall return you to the center of that sunny room,
I shall adorn anew your cracked old age
and you shall occupy very dignified your place in the house,
your place of a grandmother, of matron,
guardian of the memory, simplicity of nostalgia,
six drawers were given unto you for your face and destiny,
six drawers devoid of memory and oblivion
that today herald the tell-tale signs of her old age more than ever
transpiring paper and burden-bearing fatigues,   [before
the human indignity, the sigh of dust.

A
UN VESTIDO DE MATERNIDAD

TO
A MATERNITY DRESS

A UN VESTIDO DE MATERNIDAD

Como una vieja bandera, abandonado
vives tu soledad en una cajonera.
De vez en cuando te encuentro debajo
de la ropa más nueva y me sonríes
con tus dientes cascados, con tu amplitud
de vela y tu avidez de barco inusitado.
Te saco de tu encierro de naftalina,
de tu asma y del polvo, de tu doblez
de tela desteñida, de tu humedad y hongo.
Me pruebo tu figura de generoso oleaje,
tu velamen de proporciones maternales.
Sé que lloras de gusto ante el espejo,
aunque sabes que hoy llevo el vientre desierto.
Entre los dos zarpamos al pasado,
a aquel mar que fui yo, aquel océano
profundo, inédito, de peces y silencios.
Giras contento, lanzas tu toldo de buque,
tu falda de bordados de sangre,
tu bastilla de leche, tus hilos de placenta.
Después iremos al cajón. Tú al tuyo de madera.
Yo al mío de memoria y ausencias.

TO A MATERNITY DRESS

Like an old flag, abandoned
you live out your solitude in a chest of drawers.
From time to time I find you beneath
the newer clothes and you smile at me
with your cracked teeth, with your amplitude
of a sail and your avidity of an unusual ship boat.
I bring you out from your naphthalene imprisonment,
from your asthma and from the dust, from your pleatedness
of a faded cloth, from your humidity and fungus.
I try on your figure of generous waves,
your sails of maternal proportions.
I know that you cry tears of joy before the mirror,
even though you know that today my womb is barren.
Between the two of us we launch into the past,
to that sea that was me, that deep
ocean, unedited, of fishes and silences.
You gyrate content, you hoist your boat awnings,
your skirt of sanguine embroideries,
your hem of milk, your threads of placenta.
Later we shall both go to the drawer. You to yours of wood.
Me to mine of memory and absences.

A
UNA COLCHA

TO
A QUILT

A UNA COLCHA

De pesares y piedras, pesadillas, cansancio,
fuimos llenando tu espíritu de colcha,
tu corazón de gitana permutada en gaviota,
tu vientre de lana de oveja trasquilada.
No tuvimos piedad.
Los humanos tenemos de borra las entrañas
y somos propensos a olvidar, al desagradecimiento,
tenemos de hilo los hilos de la sangre
y de nudos de soga el corazón que late.
No tuvimos piedad.
Abusamos impávidos de tu sombra mansa,
tu seno de cordero rebasa nuestras penas, las tiñe
de calor, las va espulgando cariñosamente,
las va limpiando hasta que llega el sueño.
De pesares y piedras, pesadillas, cansancio,
fuimos llenando tu espíritu de colcha,
tu corazón de gitana permutada en gaviota,
tu vientre de lana de oveja trasquilada.
Tú tuviste piedad.
Recogiste tranquila los vestigios del alma,
perdonaste la jaula, el ocio perdulario, las manchas,
sonreíste en tu ligereza de ternasco sin alas,
ofreciendo tu vientre, tu vellón, tu leche aborregada.
Nos tuviste piedad.
Yo, ya lo ves, aún tengo de trapo las entrañas,
de quiste el corazón, en cambio tú, ya vieja y deshilada
se te llenó de sangre tu latido, el alma,
colcha sacrificada, ligereza de hostia, oblea hecha frazada.

TO A QUILT

With sorrows and stones, nightmares, and fatigue,
we began filling your quilt spirit,
your heart of a gypsy permuted into a seagull,
your woolen belly of a sheared lamb.
We had no mercy.
We humans have our entrails made of coarsen wool
and we are prone to forget, to ungratefulness,
the threads of our blood are made of thread
and of knots of rope the heart that beats.
We had no mercy.
We abused intrepidly of your tame shadow,
your belly of a lamb surpasses our woes, it paints
them of warmth, it lovingly delouses them,
it begins cleaning them until slumber arrives.
With sorrows and stones, nightmares, and fatigue,
we began filling your quilt spirit,
your heart of a gypsy permuted into a seagull,
your woolen belly of a sheared lamb.
You had mercy.
You tranquilly picked up the vestiges of the soul,
you forgave the cage, the vicious leisure, the stains,
your smiled in your lightness of a wingless calf,
offering up your womb, your fleece, your lamb-like milk.
You had mercy on us.
I, you can see, still have innards of rag,
a heart of cyst, but you, already old and frayed
with blood was filled your beat, your soul,
sacrificed quilt, lightness of host, oblate wafer made blanket.

A
UNA FUENTE

TO
A FOUNTAIN

A UNA FUENTE

Piedra sobre piedra te trajimos a casa,
opaca y ruda tu superficie augusta,
acanterado el rostro, tus manos, el talle,
tu silueta de fuente ornamental.
Llegaste silenciosa, vacía, completamente seca,
tus herencias de risco, de sílice, de arena,
aún las llevas dentro y sigues siendo
montaña, monte, piedra y cueva.
Te armaron poco a poco, olías todavía
a peñón , a pedernal, a cerro,
y abrieron para ti una fosa en la tierra
justo frente al ventanal de mi patio trasero,
y fueron colocándote los zapatos
de hierro, el jubón de varillas,
y después te llenaron las enaguas con agua
- a cantar- te dijeron, tú apenas los miraste
con tus ojos de piedra.
¿Cómo canta una fuente? ¿Qué canta la cantera?
Contentos observamos tus veranos de calma,
tus collares de pájaros, tu soledad marcada
por croares de rana, tus indicios de luna,
tus pulseras de lentos caracoles que andan
y al fin nos olvidamos de tu austera presencia,
de tu rostro tallado por unas manos pobres,
de tu nostalgia eterna por volver a ser piedra,
por dar a luz arbustos y árboles y tierra.
Nunca nos percatamos de tu tristeza ambigua,
de tu dolor de objeto segado a cincelazos,
de tu luto pintado de moho y hojas secas,
de tu tristeza apenas lavada entre la hiedra.
Hoy descubrí una grieta en tu falda de piedra,
una estría en tu cara de cantera ya vieja.

TO A FOUNTAIN

Stone upon stone we brought you home,
opaque and coarse your august surface,
your quarried countenance, your hands, the bodice,
your silhouette of an ornamental fountain.
You arrived silent, empty, completely dry,
your heritage of a crag, of silica, of sand,
you still carry within and you continue being
mountain, thicket, boulder and cave.
They assembled you bit by bit, you still smelled
of crag, of flint, of hill,
and they opened for you a well in the earth
just before the large window of my patio,
and they began to shod you
of iron, the jacket of rod iron,
and then they filled your skirts with water
"Sing," they told you, you barely even looked to them
with your eyes of stone.
How does a fountain sing? What sings the quarry?
Contently we observe your summers of calmness,
your necklaces of birds, your solitude marked
by the croaking of the frogs, your signs of moon,
your bracelets of slow snails that crawl
and at the end we forgot about your austere presence,
about your visage carved by some poor hands,
about your eternal nostalgia for returning to be stone,
for giving birth to shrubs and trees and earth.
We were never made aware of your ambiguous sadness,
of your pain of an object chiseled blind,
of your bereavement painted by rust and dry leaves,
of your sadness just washed amidst the ivy.
Today I discovered a crevice in your skirt of stone,
a stria on your face of already-aged quarry.

La toqué lentamente; te pasé por el cuerpo
mis dedos cautelosos y atravesó tus ojos
una piedad muy honda, un lejano reclamo.
Cuando volví a la casa y me vi en el espejo
descubrí entre mi cara las grietas de tu enagua,
la protesta del sílice, la leyenda que reza
piedra sobre piedra te trajimos a casa,
y voy cayendo al peso de mis propias derrotas
y un olor a montaña, a monte, a piedra, a cueva
va vadeando el jardín, va inundando la casa.

I slowly touched it; I passed over your body
my cautious fingers and a deep piety
pierced your eyes, a distant claim.
When I returned home and saw myself in the mirror
I discovered amidst my face the rifts of your skirt,
the protest of silica, the legend that prays
stone upon stone we brought you home,
and I begin to fall by the weight of my own defeats
and some smell of a mountain, a thicket, a stone, a cave
begin to ford the garden, begins to flood the house.

SOBRE LA AUTORA

Elvia Ardalani (H. Matamoros, Tamaulipas, México, 1963) es profesora de Creación Literaria y Literatura en el Departamento de Lenguas Modernas de la Universidad de Texas-Pan Americana. Poeta, editora y traductora, además de poesía ha publicado cuentos y artículos académicos. Sus poemarios anteriores incluyen *Por recuerdos viejos, por esos recuerdos* (Ediciones Arcineaga, 1989) y *De cruz y media luna* (Tierra de Libros, 1996), *Y comerás del pan sentado junto al fuego* (Claves Latinoamericanas, 2002), *De cruz y media luna/From Cross and Crescent Moon* (Claves Latinoamericanas, 2006), *Miércoles de Ceniza* (Miguel Ángel Porrúa, 2007), *Cuadernos para un huérfano* (Claves Latinoamericanas 2012) y *Callejón Kashaní* (Imaginarium Literario, 2013). Ha traducido la poesía de Jalal al-Din Rumi, y actualmente trabaja la poesía de la poeta estadounidense Elizabeth Bishop. Fue editora de la revista virtual *El Collar de la Paloma* y dirige el taller de escritura creativa *Puente Literario*.

ABOUT THE AUTHOR

Elvia Ardalani was born in H. Matamoros, Tamaulipas, Mexico in 1963. She is an Associate Professor in the Department of Modern Languages and Literatures at The University of Texas-Pan American. A poet, translator and editor, in addition to poetry she has published short stories and academic articles. Her previous poetic collections include *Por recuerdos viejos, por esos recuerdos* (Ediciones Arcineaga, 1989), *De cruz y media luna* (Tierra de Libros, 1996), *Y comerás del pan sentado junto al fuego* (Claves Latinoamericanas, 2002), De cruz y media luna/*From Cross and Crescent Moon* (Claves Latinoamericanas, 2006), Miércoles *de Ceniza (*Miguel Ángel Porrúa, 2007), *Cuadernos para un huérfano* (Claves Latinoamericanas, 2012) and *Callejón Kashaní* (Imaginarium Literario, 2013). She has translated the poetry of Jalal al- Din Rumi, and currently is translating the complete poems of the American poet Elizabeth Bishop. She was the editor of the online journal *El Collar de la Paloma* and currently directs the creative writing workshop *Puente Literario*.

SOBRE EL TRADUCTOR

Francisco Macías, estadounidense nacido en México, reside actualmente en Fredericksburg, Virginia, y trabaja en la Biblioteca del Congreso en Washington, D. C. Ha servido a la Biblioteca como Analista Titular de Información Jurídica desde el 2007. Es uno de los columnistas regulares de la bitácora oficial de la Biblioteca Jurídica del Congreso *In Custodia Legis*. Tres de sus traducciones han sido publicadas: *From Cross and Crescent Moon* de Elvia Ardalani, *Selected Poems of César Antonio Molina* y *The Transfigured Heart* de Dolores Castro Varela. Su trabajo ha sido publicado en la prestigiada revista *Words without Borders*, donde recientemente aparecieron sus traducciones de un poema y un relato, respectivamente, del escritor gallego-español César Antonio Molina titulados *Limones amgargos/Bitter Lemons* y *Cruzando puentes/Crossing Bridges*. Actualmente está traduciendo la poesía de la poeta mexicana Leticia Herrera Salazar.

Francisco Macías, a Mexican-born American, currently resides in Fredericksburg, Virginia and works at the Library of Congress in Washington, D.C. He has served the Library as a Senior Legal Information Analyst since 2007. He is a regular blogger for *In Custodia Legis*, the official blog of the Law Library of Congress. Two of his translations have been published: *De cruz y media luna/From Cross and Crescent Moon* by Elvia Ardalani, *Selected Poems of César Antonio Molina* by César Antonio Molina and *The Transfigured Heart* by Dolores Castro Varela. His work has appeared in the prestigious journal *Words without Borders*, where recently his translation of a poem and a prose piece, respectively, by the Galician-Spanish writer Cesar Antonio Molina titled *Crossing Bridges* and *Bitter lemons* were published. He is currently translating the poetry of Mexican poet Leticia Herrera Salazar.

SOBRE EL ILUSTRADOR

Ismael Aguilar es un consumado artista y diseñador gráfico. Educado en las bellas artes, con una innata pasión por las artes gráficas, Ismael Aguilar ha llamado la atención de figuras literarias como Dolores Castro, Elvia Ardalani y César Antonio Molina para captar la esencia de sus meditaciones literarias. Nacido y criado en un espacio colonial que une el viejo mundo con el nuevo, la obra de Ismael es tan compleja y tan ricamente diversa como su nativo Guanajuato. Su trabajo, trátese de arte digital o medios tradicionales, mezcla las técnicas de las artes plásticas con los medios digitales para crear una visión fresca y nueva, y una experiencia fascinante. Su obra representa la profundidad y amplitud de sus intereses personales. En ella se encuentran elementos naturales, esteticismo clásico, erotismo, primitivismo, gnosticismo, mitología, hagiografía, retro-futurismo nostálgico, realismo social y simbolismo, entre otros. Su experiencia artística incluye escultura, dibujos a lápiz, óleos, pasteles, pinturas acrílicas y otras creaciones. Actualmente trabaja en una serie de esculturas de alambre donde intenta captar lo divino con su propia visión, dentro del contexto del mito, con técnicas y formas intrincadamente ricas.

ABOUT THE ILLUSTRATOR

Ismael Aguilar is an accomplished artist and graphic designer. Schooled in fine arts, with an innate passion for graphic arts, Ismael Aguilar Ruiz has caught the attention of literary figures like Dolores Castro, Elvia Ardalani and César Antonio Molina to capture the essence of their literary musing. Born and reared in a colonial space that melds the old world and the new, Ismael's work is as complex and as richly diverse as his native Guanajuato. His work, whether it be digital art or traditional media, blends fine art techniques with digital media to create a new and fresh vision and a captivating experience. His work represents the depth and breadth of his personal interests. In it you will find elements of nature, classical aestheticism, eroticism, primitivism, gnosticism, mythology, hagiography, nostalgic retro-futurism, social realism, and symbolism, among others. His portfolio includes sculpture, pencil drawing, pastels, oil and acrylic painting, and other musings. At present, he is working on a series of wire sculptures where he is looking to capture the divine in his own vision, within the context of myth, with an intricately rich technique and form.

INDEX

The Being of the Household Beings-edición rústica-fue impreso sobre papel crema de 60 gramos. En su composición se emplearon tipos de la familia Palatino, Garamond y Times New Roman. El cuidado de la edición estuvo a cargo de **Libros Medio Siglo,** Ismael Aguilar y la autora.

www.ingramcontent.com/pod-product-compliance
Lightning Source LLC
Chambersburg PA
CBHW021933040426
42448CB00008B/1043